La Guillotine

ET

LES MINISTRES.

IMPRIMERIE D'ÉVERAT,
RUE DU CADRAN, N° 16.

OBSERVATIONS PRÉLIMINAIRES

POUR

LA DÉFENSE,

Par M. de Valblette.

> Mais ni l'homme de bien, ni Phocion ne furent ouïs, et avec le mot de justice dans la bouche, on passe outre à l'une des plus injustes condamnations qui fut jamais.
>
> PÉLISSON.

PARIS,

QUAI DES AUGUSTINS, N° 55,

ET CHEZ TOUS LES MARCHANDS DE NOUVEAUTÉS.

—

1830.

CHAPITRE PREMIER.

LES ACCUSÉS.

A quand donc la guillotine, le coupe-tête?
Le Père Duchène.

Laissant aux juges l'effrayante responsabilité de la sentence, c'est au peuple que nous parlons, au peuple imbu des plus calomnieuses, comme des plus ridicules imputations. C'est devant l'opinion nationale, c'est contre la majorité, que nous soutenons la cause d'un droit volontairement méconnu.

Notre langage est simple et notre intention droite. Nous exposons seulement avec les faits les principes; bien convaincus que chez un homme juste ils réveilleront ce jugement intime qu'on nomme vérité.

Ce n'est point aux grands, aux savans, aux publicistes que nous soumettons ces réflexions; c'est à la masse, au vulgaire séduit par le journalisme et suivant sa parole dans les larges voies de l'erreur.

Que penser maintenant de la POPULATION HÉROÏQUE et que lui dire? Sinon qu'elle est comme partout, la foule; capricieuse et terrible, insensée dans ses bruits, dans ses affections, servant des volontés étrangères et toujours la dupe vaniteuse de perfides déclamations. Elle traîna à l'échafaud Louis XVI, le plus vertueux de son temps, elle répudia après Waterloo la gloire de l'usurpateur; hier le roi

Charles X est tombé et déjà elle lui applique le stigmate de TYRAN.

Des personnages qui , placés hier au faîte social , étaient revêtus de splendeur et s'appelaient Excellence n'ont pas même aujourd'hui le rang d'homme. Dépouillés du nom de Français, déclarés traîtres, ils fuient ; on fait des battues, on s'en empare, et l'autorité peut à peine soustraire cette proie à la faim du peuple. Avant qu'il fût venu des juges, les bouchers étaient accourus. De féroces transports, des hurlemens de joie annoncent cette prise, elle retentit en France bien plus qu'Alger. Ensuite deux grandes cités disputent pour la gloire d'escorter la capture. Elle arrive enfin, et le donjon de Vincennes l'enferme dans ses impénétrables secrets. Là fut aussi jeté un prince, lamentable exemple d'une justice de circonstance. Présage affreux pour les prévenus! Impatiente du supplice, la haine publique s'inquiète des retards, savoure l'image des tortures, et en attendant, comme par avant-goût, se repaît de leur exécution en lithographie. De toutes parts sort leur arrêt. Dans les salons, les boutiques, les promenades, le vœu homicide s'exprime froidement. Malheur à qui essaierait de hasarder un palliatif; de composer et d'admettre seulement la déportation. Il faut du sang! c'est l'hécatombe que la piété révolutionnaire doit aux héros moissonnés dans la glorieuse semaine. Nul ne daigne même exposer les griefs et dire pourquoi les ministres doivent périr; les forfaits sont trop innombrables. Qu'ils périssent! qu'ils périssent! voilà l'argumentation. Ainsi donc ils succomberont parce qu'ils doivent succomber. *Delenda Carthago!* Cependant, puisqu'on a sauvé du massacre ces victimes pour ne les sacrifier qu'avec des formes légales, sachons à quel autel, à quel aréopage, on les traîne.

Partout l'empire de la civilisation, la maxime est enseignée que nul ne peut être juge dans sa propre cause. Telle est néanmoins de nos jours l'étrange confusion des choses que la

haute chambre va prononcer sur une affaire
où elle-même est partie ; où elle doit établir
sa propre légalité et décider du droit de son
existence. Or la condamnation des prévenus
est une pénible mais inévitable nécessité ; sinon les juges eux-mêmes ne peuvent siéger
comme pairs ; car alors ils n'auraient pu se dé-
gager de leur serment et en prêter un nouveau
à une autorité qui serait instituée par la force
contre le droit. Pas de phrases. La conséquence
est ici rigoureuse. Les ordonnances sont ou légales ou illégales. Illégales, elles violaient le
serment sacré, menaçaient les droits les plus
chers, rompaient le lien et rendaient en quelque
sorte équitable la rébellion. Mais légales, tout
change ; l'*héroïque résistance* n'est plus que la
révolte, et les pouvoirs la raison du plus fort.
Impossible de reculer, le fait et le droit vous
placent entre eux : prononcez.

De cet état va nécessairement sortir un arrêt
ou contre les prévenus ou contre les juges. La
condamnation des prévenus sera une sentence

morale contre les juges, et pourtant leur ab-
solution sera aussi contre les juges une sentence. Tant il est vrai qu'une fois hors de
l'ordre et de la légalité il n'y a plus que renversement et contradiction.

Par ces conjonctures, afin d'éluder le chaos
révolutionnaire, on consacre une fausseté in-
signe, palpable ; on revêt d'un caractère so-
lennel une menterie révoltante, une erreur
préméditée. Pour reculer la guerre civile, il faut
déclarer parjure un roi dans le juste exercice
de son droit, délier les sujets de leur fidélité,
applaudir à la révolte et lui décerner des cou-
ronnes. Et qu'auraient à répondre Messieurs les
pairs si, prenant la parole, les accusés leur demandaient :

« De quel droit nous interroger? Qui êtes-
vous? qui vous assemble? Nous protestons devant Dieu et les hommes contre l'arrestation
arbitraire exercée sur nos personnes, contre
l'accusation illicite de la prétendue chambre
des députés, et contre votre réunion en ce lieu.

Le nombre ne fait rien au droit, pas plus que le succès. Où voir ici les coupables? ne sont-ce pas ceux qui, se constituant souverains, appellent violation l'exercice naturel de la Charte, délient le peuple de son obéissance, au mépris de toute pudeur étouffent la légitimité, et par un contrat qui enlève à l'état sa religion, nous imposent roi un sujet? Répondez, qui sont ici les coupables? est-ce à vous de juger ou de l'être?

CHAPITRE II.

LES FORFAITS.

Potentiam malitiâ adjutam quis effugiat ?
PHÈDRE.

Depuis M. de Villèle, les plaintes en dilapi-
dation, en concussion, sont tombées dans un
tel discrédit qu'il est devenu presque aussi
ridicule de les former que d'y répondre. Ce

genre d'inculpation est décidément passé de mode. Les finances s'agiotent aujourd'hui comme la politique, jeu sur table : aussi ne demande-t-on compte aux ex-ministres que des ordonnances et du sang versé.

J'affirme que la première accusation (chose qui va surprendre) se résout en une polémique, en une simple thèse. La seconde n'a de remarquable que la singularité de son impudence (1). Elle suit du reste la loi de la première, et subsiste ou tombe avec elle. Abordons le grief primitif.

Du fond de l'exil, le monarque législateur suivait les pas de la nation française dans sa carrière vaste et profonde, creusée en abîme par la révolution. Il observait un développe-

---

(1) Que doit-on penser de ceux qui, formant un rassemblement séditieux et armé, osent réclamer une indemnité pour leurs pertes ? C'est comme si des voleurs blessés dans une attaque, demandaient des dommages-intérêts au capitaine de gendarmerie qui a ordonné leur arrestation.

ment que le despotisme armé ne contraignait
qu'à peine; pesant dans sa balance les élé-
mens de vie et de destruction, il pres-
sentait les périls, et, comprenant que le gouvernement ne pouvait plus régner lui seul, il
voulut s'associer le peuple. Il lui fit donc une
part large selon ses besoins, mais dont le
droit habilement combiné avec deux autres
devait rester dans une proportion toujours
égale, laissant à l'autorité royale ce qui est
son essence, ce qui la constitue. La Charte,
qui formait une ère encore inconnue de gran-
deur et de liberté, établissait sous différens
titres la répartition des pouvoirs, et renfer-
mait, comme en un temple sacré, la base du
trône dans un seul article. Là étaient désignés
les attributs du souverain. Leur garantie
l'était aussi par le droit de faire les *réglemens
et ordonnances nécessaires pour la sûreté de
l'État.* « C'est faux, s'écrient maintenant les
révolutionnaires : nous aurions été sous l'abso-
lutisme, puisqu'une ordonnance pouvait nous

enlever ce qu'accordent les lois; c'est contraire à l'esprit de la Charte. »

Nous leur répondrons par des faits. S'agit-il de l'esprit d'une loi quand ses termes sont formels? Ce pouvoir n'est-il pas une réserve, une exception, et celle-ci jamais s'est-elle prise pour la règle? Dans des circonstances difficiles, Louis XVIII usa de ce droit réservé *pour la sûreté de l'État*; et ces dernières paroles de l'article 14 sont tellement l'appui, le fondement de tout l'article que, si on les supprime, l'article entier tombe aussi, et le gouvernement n'a plus qu'une existence précaire, annuelle et toute de chiffres. Que si au contraire on respecte la Charte telle qu'elle a été donnée par Louis XVIII, jurée par Charles X, dans un péril subit, un accident politique, une ordonnance rétablit l'équilibre et sauve de la révolution. Peut-il y avoir *sûreté* pour la patrie quand il dépend d'un seul vote d'arrêter les rouages de l'État, de détruire l'organisation de la France, en un mot, de refuser le budget?

En démontrant que ce pouvoir contesté est l'essence de l'article 14, l'évidence des faits devance le raisonnement. Voici que dans la transaction passée pour la royauté, entre certains députés et le duc d'Orléans, on a enlevé ces mots : *pour la sûreté de l'État.* De là il suit que le roi déclaré en commençant *chef suprême de l'État,* ne peut, en fin réelle, ni proroger les Chambres, ni dissoudre celle des députés, ni nommer aux emplois, ni choisir ses ministres, ni déclarer la guerre, ni faire la paix, sans le visa de MM. Corcelles, Petou, Pataille et consorts; car si quelque chose vient contre le goût des citoyens députés, ils auront à leurs ordres ce terrible *veto*, vulgairement connu sous le nom de budget.

Qu'était-il besoin de mutiler les derniers termes de l'article 14 s'ils n'eussent rien signifié? Il fallait les conserver en témoignage d'une interprétation subreptice, d'une violation sacrilége, comme un monument de félonie royale, et qui justifiait l'improvisation d'un

gouvernement citoyen. Se hâter de les anéan-
tir, n'est-ce pas montrer qu'on a redouté à la
fois et la conscience publique quand l'illusion
sera tombée, et qu'un jour le roi nouveau n'u-
sât de l'ancien droit ? N'est-ce pas reconnaître
les paroles, unique sauvegarde de la couronne ? en un mot, n'est-ce pas une mala-
dresse ?

Cependant la foule crie au parjure, parce
que le député a crié au parjure. Et l'on s'obs-
tine à ne pas voir que si la cause de la nation
est toujours celle du député, celle du député
n'est pas toujours la cause de la nation ; qu'en
supprimant ces termes fondamentaux il n'y
a plus de puissance qu'en certains hommes,
puissance à laquelle le peuple n'est pas convié,
puissance qui est toute personnelle, d'ambi-
tion et de renommée, puissance sans laquelle
rien n'est constitué, légitime ; qui, exorbi-
tante, a les moyens de forcer l'opinion, de la
braver, du moins pendant cinq années, et même d'éterniser son règne. Aveugles volontiers,

2

vous ne sentez pas que le député se fait le maî-
tre de tout suspendre, de tout édifier, de tout
abolir ; qu'à l'avenir, dans l'arrondissement,
c'est un consul ; à la chambre, un dictateur
ayant pour licteurs les nobles pairs, pour
cliens le sceptre et le trône. On craignait le
pouvoir d'un seul , et on n'appréhende pas une
tyrannie multiple ! On oublie l'histoire et notre
populaire convention, et l'on s'endort avec sécurité sur la foi d'un système représentatif ! Ne
voyez-vous pas qu'avec les derniers termes de
l'article 14 il a disparu ; que le despotisme de
la députation étreint tout ; que si les deux si-
mulacres de la pairie et de la royauté se le-
vaient pour contredire cette active oligarchie,
il y aurait à l'instant dissolution de la société ?
Afin d'asseoir la suprématie plébéïenne, il fallait enlever les termes, seule base de la royauté
agissante ; et pour les enlever, il fallait crier
au parjure. Le député l'a fait, on l'a cru ; et
vous aussi, patriciens, par frayeur vous l'avez
imité, et pour récompense, il a brisé l'escabelle

qui vous portait sur nos têtes. Le 9 août vit
ensevelir votre splendeur, votre prépondé-
rance. Race déchue, vous voilà désormais le
malheureux instrument de la démocratie, et
votre seule vertu sera la résignation. Gardez
surtout qu'aucun regret ne perce ; une boule
de député fracasserait bientôt l'écusson hérédi-
taire, et vos fils n'auraient plus à transmettre
les tristes servitudes de la pairie. N'aviez-vous
pas compris que dans l'entraînement de la société
venue hier, votre institution stationnaire serait
une anomalie ; que ces opimes majorats fini-
raient par s'ébouler ; que sous peu vos fils, ré-
pudiant leurs titres, brigueront les honneurs
de la députation, rougissant de s'asseoir sur
des bancs vermoulus ; que pour oser s'avouer
pair, à ses archives il faudra joindre le di-
plome du docteur ou la patente du marchand ?

Qui pose un principe en subit les conséquen-
ces. Vous avez de vos propres mains ébranlé
les colonnes de notre stabilité, elle s'écroulera ;
et, comme l'Hébreu Samson, vous serez en-

gloutis sous les ruines. Par l'organisation ac-
tuelle, on tend au nivellement général. Il se
manifeste dans la pensée publique, l'exécution
n'en saurait être retardée. Aucune distinction
ne doit rester dans un état où la souveraineté
du peuple est proclamée et mise dans le droit
par l'extirpation des termes sacrés de l'article 14. Le palladium de la royauté a été démoli,
et la royauté, ainsi que ses institutions, n'ont
plus d'autre vie que celle du budjet. Or, qu'il
plaise à quelques députés de repousser de la
chambre ce grand plénipotentiaire, et la révolution le remplace. On se souviendra alors de
l'article 14, modérateur, tutélaire conserva-
teur de l'ordre et de la monarchie; mais tout
sera consommé.

Si la loi était moins expresse, s'il n'était pas
imposé de croire ce qui est écrit, le meilleur
interprète de la Charte serait notre propre in-
térêt. Avec le complément de l'article 14, jamais de bouleversement à craindre, car on
peut toujours rétablir la balance; en le retran-

chant, plus de gage pour l'avenir. Si demain
les pairs rejettent une loi votée par les députés, ceux-ci refuseront le budget. Plus de magistrature, plus de gendarmerie, d'armée; et
les frontières, et la propriété et la personne
sont sans défense. Que pourra le roi? Engager
ses camarades, ses concitoyens à payer? Même en supposant qu'ils y consentent, qui rece-
vra leurs contributions? Il est interdit de
percevoir l'impôt non voté. Une ordonnance
pour la sûreté de l'état viendrait-elle autoriser
les receveurs? Le roi n'a pas maintenant le
droit de la rendre. Ses mains sont liées, il re-
connaîtra le mal sans qu'il lui soit permis de
s'arrêter. Rien, absolument rien ne pourrait
sauver de l'anarchie.

Croirait-on encore nous persuader que
Louis XVIII, si clairvoyant à travers son siè-
cle, eût voulu livrer ses descendans à un escla-
vage couronné, les obliger à jurer obéissance
au peuple, et à se voir impunément dépouillés
chaque jour par les maîtres du budget; lui

qui arrivait par droit divin et par l'épée,
et qui octroyait librement une charte à ses
peuples? Non, non; le pouvoir de veiller
à la *sûreté de l'état* est la première sûreté du roi lui-même et sa plus belle préro-
gative. Nul gouvernement sur la terre ne pourrait rester debout s'il n'avait le droit de pourvoir à sa sûreté. Ce pouvoir est préexistant aux
lois, parce qu'il est dans la nature des choses ;
le retrancher, c'est par le fait retrancher le
sceptre; et pouvait-il entrer dans l'ame d'un
souverain de deshériter sa race? L'article 14
attribuait donc au roi de faire des ordonnances
pour la *sûreté de l'état.* Si la *sûreté de l'état*
était menacée, il n'y a donc pas eu infraction à
la Charte, il n'y a donc pas eu violation du
serment.

Citons un auteur : M. Guizot, aujourd'hui
ministre de l'intérieur, écrivait en 1822 (1):
« Je pense comme les lois. Quand l'ordre pu-

_____

(1) F. Guizot, *de la Peine,* chap. iv; *de la Justice,* p. 108.

blic est menacé, quand les formes générales du gouvernement ou les personnes qui représentent ces formes sont attaquées, c'est la société qui est en péril. »

Maintenant je fais une question.

Quand sous l'obscure robe des ignorantins et la pourpre du cardinalat, la religion catholique est également flagellée, quand il y a danger à suivre les lois de l'église, et qu'on demande compte aux pasteurs des sermons, des enterremens, de l'administration spirituelle, quand l'espionnage furette dans l'humble presbytère et le palais épiscopal, et que ces accusations journalières se terminent par le journalier éloge des ministres protestans, le culte de l'état est-il en *sûreté?*

Lorsque d'amers dégoûts assiégent incessamment les dépositaires de l'autorité, que leurs actes, leurs paroles, leurs intentions sont expliqués par la calomnie, que le fonctionnaire est découragé et l'homme hostile applaudi, lorsque, sous le gouvernement du roi, il existe un *gouvernement* ténébreux qui a ses ministres, son conseil d'état, ses projets, ses imprimeries; qui, dans chaque département, entretient des agens, des courriers, des procureurs; répand ses libelles, ses instructions; qui dispense les flétrissures ou la renommée, et ne voit dans les royalistes qu'une *faction*, lorsque ce *gouvernement* espère voir *notre* armée succomber en Afrique, correspond avec l'ennemi, lui communique nos forces, nos plans, nos mouvemens, en un mot conspire contre l'existence et la gloire de la patrie, l'*état* est-il en *sûreté?*

L'*état* est-il en *sûreté* lorsque son *chef suprême* reçoit de tels outrages?

« Le roi n'a pas de volonté à émettre en fait d'élections. »

« Le roi a une volonté à émettre quand il nomme son *grand-véneur* ou son *chambellan;* mais en matière d'élection, le roi n'a rien à vouloir; nous n'avons pas à lui demander ses volontés. »

« Le roi n'est aujourd'hui le juge de personne (1). »

A un excès si dangereux fallait-il différer le
remède ? devait-on attendre des menaces plus
claires que celles-ci ?

« Il faut qu'on se figure bien que la France
ne se laissera pas tromper par des subtilités
hypocrites, et qu'on n'en regardera pas moins
la Charte comme attaquée, et les sermens de
Reims comme violés, si l'EMPIRE de la majorité
n'est pas subi ? »

L'ordonnance contre la presse était donc
commandée par le soin de veiller à la *sûreté de
l'état*; elle résulte naturellement des obliga-
tions de l'article 14. Mais un autre péril était
non moins à craindre que les compagnies bre-
tonnes et normandes, les associations du refus
de l'impôt, l'appel à la résistance, et les incen-
dies pour armer l'habitant des campagnes. Ces
élections, comment les avait-on ourdies (2)?

(1) Le National.
(2) Le Constitutionnel.

A peine l'ordonnance de dissolution de la chambre a-t-elle paru, que chaque département tient une diète invisible. Tout chef-lieu a son club, ses soupers nocturnes; chaque canton son petit congrès; partout des oraisons violentes et séditieuses. Là on s'est compté. L'inquisition s'organise. Les registres s'ouvrent à l'ostracisme. On fouille le foyer domestique, la vie passée, on scrute les relations, les intérêts, les influences; et un nom s'inscrit sur les tables d'affiliation ou de proscription.

Cependant de bruyantes acclamations saluent les 221; ils reçoivent des félicitations publiques pour avoir *offensé* le roi; l'ordre est donné de les réélire à tout prix. La société *Aide-toi* pousse des proclamations virulentes, propage un manuel qui enseigne à vilipender les présidens des colléges et à renverser leurs bureaux. *Le Constitutionnel* dit à ses affidés : « Surveillez, prenez note des fonctionnaires qui ne votent pas secrètement, livrez leurs noms au mépris des *Français*, protestez contre la légalité de leurs votes, et, lorsque *le temps sera venu*, souvenez-vous de leur félonie pour les écarter des emplois (On n'a pas oublié la recommandation.) Alors de simples particuliers inondent la France de circulaires qui commandent la plus inique violation des votes, et font de l'espionnage et de la délation un devoir de citoyen. Sur tous les points se répandent des émissaires qui, enrôlant des écoliers, imberbes diplomates, les nomment *électeurs auxiliaires*, et les chargent de lettres anonymes, annonçant que c'est le *dernier coup* ; ceux-ci sont destinés à travailler la matière plus grossière : on les lâche dans les campagnes sur les électeurs insoucieux ou ignorant de leurs droits, ils en extorquent pleins pouvoirs, et courent assaillir les préfets de sommations injurieuses. Plus de pudeur. S'il réussit, tout moyen est bon : les charmes, l'adresse des femmes sont aussi exploités. On les fait caresser des suffrages, descendre à de basses cajoleries auprès des vieillards, dont la dépouille

attendue influencera les neveux ; et , dans l'in-
tervalle, les hommes timides , irrésolus sont
aux abois. Pour eux surtout l'aspect d'un prê-
tre, d'un fonctionnaire, d'un royaliste est à re-
douter ; une surveillance invisible épie chaque
mouvement, et si la rencontre subite avait l'air
d'une intelligence, on serait perdu.

Enfin le jour arrive : aux diatribes contre le
sacerdoce et la royauté succèdent les actes.

D'une main plus dure que son métal, le
créancier saisit le débiteur et lui imprime son
vote. Le patron dicte au client le nom qu'il jet-
tera dans l'urne ; les avoués, les notaires s'em-
parent des villageois ; les affiliés occupent la
salle, l'avenue, les rues environnantes, signi-
fient aux hommes faibles, indécis qu'ils sont
suspects ; que s'ils ne chargent pas tel électeur
d'écrire lui-même à leur place ils sont bannis
de leur société, exclus d'entre les citoyens. A
quelques-uns même c'est plus sérieux ; il s'agit
de ressentiment public et de ses dangers : le
bâton, l'incendie, la lanterne. Pendant ce

temps des bandes d'*auxiliaires* se ruent par les champs, fondent sur l'électeur rustique, le jettent de force dans une carriole, et tout effaré le mènent voter contre sa conscience, ou bien postés sur les routes, ils le surprennent à son arrivée, ils l'enlèvent, et sans lui permettre de descendre, d'aborder un ami, le portent au milieu d'une garde sûre dans la salle du scrutin. On en a vu transporter malgré eux des aveugles, des paralytiques, et faire traduire leur vote royaliste par un jacobin (1).

La calomnie, la violence, ayant créé les dernières élections, le roi pouvaît-il soumettre quelque loi à une telle assemblée? A quoi bon la réunir? chaque membre n'indiquait-il pas le corps? Par cette représentation hostile la sûreté de l'état se trouvait compromise, et le monarque a dû suivre la Charte. — Mais la chambre n'étant pas constituée ne pouvait être

(1) J'ai vu moi-même un créancier inhumain tirer du lit son débiteur dangereusement malade, l'apporter au bureau et inscrire en son nom un vote sans doute opposé aux vœux du pauvre royaliste.

dissoute, répond-on; il y a illégalité. — Il y a
illégalité! et quelle preuve? quelle loi fixe l'instant où le roi dissoudra la chambre des députés? la chambre est-elle formée par cela que
tous les départemens ont pourvu à leur représentation, ou par cela seulement que les députés ont ouï le discours de la couronne et la
messe du Saint-Esprit? — Mais la chambre a
déclaré qu'il y avait violation de la Charte
constitutionnelle.

D'abord qu'est cette chambre? qu'est cette
déclaration? cette Chambre n'existe que parce
qu'elle déclare qu'il y a violation; cette déclaration précède son existence.

C'était en vertu de la chambre que devait
exister la déclaration; et c'est en vertu de la
déclaration qu'existe la chambre.

Sans cette déclaration, la chambre n'eût pu
bâcler une Charte et nous faire un roi, car elle-
même n'aurait pas été.

D'ailleurs ce ne sont que certains députés : il
n'y a eu d'adhérens que certains pairs; et d'au-

tre part tant de pairs, tant de députés, des cours royales, de si nombreuses démissions témoignent hautement de la légalité des ordonnances.

Enfin et pour terminer, ce crime irrémissible des ministres est pour les hommes impartiaux le double accomplissement du devoir qu'imposaient la conscience et la Charte; et pour les accusateurs, il vient se résoudre à une simple divergence d'opinions, à une controverse politique, à une querelle de journaliste; à savoir s'il y a droit réel, ou imprétation vicieuse. — Quoi! c'est ainsi qu'on vengerait le sang des braves!

CHAPITRE III.

LE SANG.

> Mais ni l'homme de bien, ni Phocion ne
> furent ouïs, et avec le mot de justice dans la
> bouche, on passa outre à l'une des plus in-
> justes condamnations qui fut jamais.
>
> PÉLISSON.

Le droit est au roi de faire les ordonnances
pour la sûreté de l'état ; la sûreté de l'état était
compromise, le roi a rendu des ordonnances
pour la rétablir. Maintenant est-ce la faute des

ministres si le peuple est poussé à la révolte, forme des attroupemens armés! On répond seulement : « Comptez le nombre des victimes. » — Le nombre des victimes atteste le nombre des rebelles, et le nombre des rebelles jamais ne justifie la rebellion.

C'est vraiment un spectacle curieux à l'observation que ce renversement de principes et de choses. On accuse d'attentat contre la patrie ceux qui voulaient la sauver; l'obéissance militaire est appelée férocité, la fidélité trahison. Pour croire à une si étrange subversion, il en faut être le témoin. Et des hommes qui discernent le vrai du faux, l'équité de l'astuce, vont par frayeur grossir la foule, lâchement flatter les factieux; « le sang a coulé, il faut une expiation. »

Si les ministres méprisans et inhumains, comme on le dit, avaient, dans l'exécution des ordonnances, pris d'exactes mesures, ces gens qui réclament aujourd'hui, pour prix de leur révolte, des têtes, trembleraient au

3

banc des prévenus, et l'on ne verrait pas le crime et le parjure usurper insolemment la place du droit. Les accusateurs seraient les accusés, et les juges!.... Oh! les juges, sont autant à plaindre qu'à blâmer; une faute engendre une faute. Ils n'ont pas encore vidé l'amère coupe de la condamnation. Leur tour viendra. Ils seront aussi jugés sans que le repentir leur serve. Quand le vertige aura cessé, on verra l'abîme; sera-t-il temps de reculer?.....

Dès la promulgation des ordonnances du 25 juillet, il y eut rumeur menaçante. Le lendemain des rassemblemens séditieux se formèrent au Palais-Royal. La force appelée pour les dissiper fut elle-même repoussée hors du jardin; ce fut le signal. La résistance devient à l'instant l'agression; les troupes royales sont attaquées sur tous les points. Durant trois jours elles se défendent avec une patience admirable, mais enfin tombant de faim, de lassitude, et fort éclaircies, elles doivent se retirer; les rebelles restent maîtres du terrain. Aujourd'hui non contens de leur salaire et de l'impunité, ils réclament des dommages-intérêts pour leurs pertes. Qui eût demandé à M. de Villèle une indemnité pour un fils tué, un père blessé dans les attroupemens de la rue Saint-Denis? Depuis 1827, convenons-en, l'esprit national a fait d'énormes pas. Désormais quand la force ira dissiper des réunions défendues, on dira au chef, donnez-nous votre nom, votre domicile afin que si vos chevaux ou vos sabres nous blessent, nous puissions vous poursuivre en dommages-intérêts.

Nous nous bornons à susciter quelques réflexions à ce sujet; il faut ménager sa pensée et retenir son expression dans ces jours où la liberté est pour la licence et l'oppression pour le bon droit. La majorité fait la loi, et la majorité, c'est la populace! Lui dire la vérité serait dangereux, tandis que l'ivresse du triomphe dure encore.

Que d'événemens bizarres, que de contradictions quand la balance sociale est détruite!

Sur le premier vaisseau de l'état l'équipage se révolte, l'amiral est jeté à la mer, les mutins se nomment un chef, et couvrant leur brigandage de formes légales, veulent passer par un jugement les officiers dont ils sont à présent les maîtres. Atroce ironie! celui qui au temps de la discipline eût été pendu à la grande vergue se fait le magistrat, et le magistrat est fait le criminel. Horrible aréopage où la scélératesse devient la vertu, l'impudence, la modestie. Singulier interrogatoire qui change en forfait le devoir, en fidélité la trahison. Comment invoquer le droit quand le droit c'est la violence; le droit c'est le parjure; le droit c'est la rébellion? ils seront infailliblement condamnés parce qu'ils ont pour eux la justice. L'exécution suivra l'arrêt, à moins que le chef élu, essayant son pouvoir par la clémence, ne se contente de mettre aux fers ceux qu'on allait fusiller.

Si dans une séance d'assises les criminels plus nombreux que le jury, se levant soudain, changeaient les places, jetaient celui-ci sur leur banc et le condamnaient à la peine qui les attend, que dirait-on de la sentence? Eh bien! nous sommes peut-être destinés à un spectacle d'un tel genre. Une parodie cruelle, une farce sanglante se jouera bientôt devant la France asservie, asservie au nom de la liberté!

CHAPITRE IV.

LA MORT.

> Il dira que la peine de mort était légale,
> on demandera encore si elle était juste et
> nécessaire. L'est-elle en effet en matière
> politique? GUIZOT.

La première comme la plus ancienne des lois est celle de notre conservation. Commune à à tous les êtres créés, elle est chez les animaux un instinct, et pour l'homme un droit. Sans

elle, nulle association, nul gouvernement pos-
sible. Elle ne connaît ni prescription ni inter-
mittence. Dans toutes les nations, dans tous
les peuples, partout où il y a des hommes, elle
s'accomplit avec une égale justice. En aucun
lieu, jamais sur un exercice si légitime ne
s'éleva un doute. Dire que le chef d'un état ne
doit pas veiller à *sa sûreté* c'est dire qu'il n'en
est pas le chef, ou bien que l'état doit périr.
Le père, chef naturel de la famille, ne doit-il pas
pourvoir à la sûreté de ses enfans ? Eh bien!
pour verser le sang de quatre prisonniers, on
étouffe le principe le mieux gravé dans nos
cœurs, on dépouille le souverain des droits
de la simple humanité, car l'existence du souverain étant celle du gouvernement, ces deux
vies se liant inséparablement, le péril qui menace l'une menace simultanément l'autre.
Préserver le souverain, c'est préserver l'état.
Or l'état était en danger, les ordonnances ne
sont venues que pour sa sécurité ; et alors comment mettre à mort des gens dont le seul crime

est d'avoir voulu nous sauver? Il faut donc établir qu'en aucun cas le souverain ne peut suspendre les lois; il faut nier les paroles sacra-
mentelles de l'art. 14; il faut appeler violation
du serment de Rheims , l'accomplissement
scrupuleux de ce serment (1) et refuser au chef
de l'etat le droit des derniers sujets. En France
comme partout, l'homme attaqué peut en re-
poussant l'agresseur le blesser, le tuer même
sans être condamné; et sous le prétexte qu'on
ne doit ni contrarier, ni suspendre les lois, on
veut que la vie si multipliée de l'état soit sans
défense! L'homme qui tue l'agresseur ne viole-
t-il pas la loi en se faisant justice lui-même?
ne viole-t-il pas la loi par le meurtre? Cependant il est absous; parce qu'avant ces lois il
en est une plus ancienne et plus intime , celle
de sa propre conservation.

(1) Ce serment était d'observer la Charte constitutionnelle. Or,
dans cette Charte , le premier comme le plus cher devoir du roi ,
est de veiller à la *sûreté de l'état*. Cette obligation passe avant tous
les droits et les prérogatives.

Le droit de veiller à sa sûreté est préexistant à toute agrégation, à toute loi, à toute
charte; il tient à l'essence des choses, et pour
être exercé, n'a pas besoin d'être écrit. En ad-
mettant qu'un individu peut, pour sa conservation, enfreindre toutes les lois, et qu'avant
de déroger à une seule, le gouvernement doit
plutôt se laisser détruire, ou pose une absur-
dité; mais il est un principe qui reste invaria-
ble, l'obligation d'obéir à la principale loi. Or
l'article 14 de la Charte commet au roi la *sûreté de l'état* et entre toutes les lois, celle-ci
est la première : *Salus populi suprema lex
esto.* Ainsi, chef de l'État, héritier de la Charte,
par une double obligation le roi devait ces ordonnances.

Ce qui se joue sous nos yeux semble le rêve
d'un malade, les lugubres visions du cauche-
mar. On se demande s'il est bien vrai que
la vérité, le droit, la vie tiennent à si peu. Les
dépositaires d'une auguste confiance ont en-
tendu rugir la révolution. A l'effroi des gens

de bien, à de sinistres indices, ils ont reconnu son approche, alors ils sont allés vers le monarque et lui ont dit : « Un péril imminent menace le royaume, son gouvernail se brise ; Votre Majesté seule peut écarter l'orage ; la Charte la charge de veiller *à la sûreté de l'état*, sauvez le roi, sauvez la Charte. » Pour avoir demandé d'exécuter la Charte, on les accuse d'avoir violé la Charte, de conspirer contre l'état, on les déclare traîtres à la patrie ; et cette momerie exécrable est prise au sérieux par la foule, elle croit de bonne foi à la conspiration et attend avec humeur le spectacle trop retardé de la guillotine.

« La raison du plus fort est toujours la meilleure, dit le bon La Fontaine » ; et il mit cette vérité sous les habits d'une fable, le Loup et l'Agneau. On y voit tout d'abord que le pauvre agneau sera infailliblement supplicié, car il est surchargé de crimes. Il a médit du loup, l'an passé.—Comment l'aurais-je fait si je n'étais pas né, répond l'agneau.— C'est donc ton frère ? —

Je n'en ai point. — C'est donc quelqu'un des
tiens. » L'on sait le dénouement de cette
agreste tragédie ; il en est de même ici. Les
ex-ministres ne sauraient manquer à la condamnation. Ce n'est plus seulement d'infraction à la Charte qu'il s'agit : c'est bien mieux
encore. Ils sont au choix ou à la fois si l'on veut :

Coupables d'un concert de mesures con-
traires aux lois ; peine L'EMPRISONNEMENT, C. P.,
art. 123 ;

Coupables d'actes attentatoires aux droits
civiques des Français et à la Charte, peine LE
BANNISSEMENT, C. P., art 114, 115 ;

Coupables d'un concert de mesures contre
l'exécution des lois, peine LE BANNISSEMENT,
C. P., art. 124 ;

Coupables d'un concert qui a eu pour ré-
sultat un complot attentatoire à la sûreté de
l'état, peine LA MORT, C. P., art. 125.

Et comme si c'était peu d'une seule peine de mort, par luxe d'accusation, par faste de criminalité, on en exhume une autre du Code des délits et peines du 3 brumaire an IV. L'art. 620 est ainsi conçu : « *Toutes conspirations* ou *attentats* pour *empêcher la réunion* ou pour *opérer la dissolution* du corps législatif, ou pour empêcher par force et par violence la liberté de ses délibérations seront punis conformément à l'art. 612. » Peine de MORT, art. 612.

Ne sait-on pas qu'en ces jours de tempêtes, des coups de main hardis, de subites invasions étant redoutées, le corps-législatif, voulait intimider par la peine et assurer son pouvoir. Aujourd'hui qu'ont de commun cette loi et les ex-ministres ? — C'est que les ex-ministres ont fait une ordonnance pour *empêcher la réunion* de la chambre, c'est qu'ils ont voulu *opérer sa dissolution*, et que ce sont là les *conspirations* et *attentats* prévus par la loi

du 3 brumaire an iv de la république française,
une et indivisible. Nous ignorions que lorsque
le roi proroge les chambres ou dissout celle des
députés, le ministre qui contresigne encourt la
peine de mort. Voilà au moins une nouvelle.
Pour un lecteur de bonne foi tous les précé-
dens griefs sont aussi fondés que ce dernier.
Quelle dérision! quel outrage! on rougirait
de repousser une telle accusation. N'invoquez
pas contre la force, la raison, la justice.
Voyez Enguerrand de Marigny, les Templiers,
Louis XVI. Après le sophisme vient l'échafaud
argument sans réplique.

Terminons. Qu'ajouter lorsque ceux qui voulaient en faveur des assassins, des parricides,
l'abolition des peines capitales, réclament la
mort contre des scélérats dont le seul forfait est
leur attachement au roi. Arrosé de leur sang,
l'arbre de la liberté sera-t-il plus robuste?
quel salaire faut-il encore aux accusateurs?
n'ont-ils pas nos places, l'administration, l'armée, la magistrature? par leurs journaux ne

sont-ils pas les maîtres de l'estime publique,
de la célébrité? doit-on pour leur complaire
livrer au bourreau des criminels, coupables
au surplus d'avoir mal expliqué un droit?
Quoi! pour une erreur, un solécisme de législa-
lation on couperait des têtes! la faute serait-
elle moins commise? on feint d'oublier maintenant ce qu'on avait proclamé en faveur des
Louvel et des Papavoine? On fait parade de
férocité ! l'humanité se soulève contre cet
atroce dévergondage!

Finissons, tout raisonnement devient su-
perflu. Finissons, en rappelant ces paroles d'un
écrivain, aujourd'hui assis au banc tant envié
et si glissant des ministres (1) : « Un gouvernement qui n'en tiendrait compte et dirait comme
Pilate : « Je me lave les mains du sang de cet
homme, c'est à vos lois d'y penser. » Ce gouvernement apprendrait bientôt qu'on n'élude
rien, que tout se retrouve, et qu'aucun men-

_____

(1) *Voyez* Guizot, *De la peine de mort.*

songe, aucune loi, ne peut sauver des périls où il tombe le pouvoir à la fois égoïste et hypocrite qui, se séparant de la société et de la vérité, se fait une justice qui n'est point la vraie justice, une nécessité qui n'est point la nécessité du pays. »

www.ingramcontent.com/pod-product-compliance
Lightning Source LLC
Chambersburg PA
CBHW071410200326
41520CB00014B/3368